14,90€

LA GUITARRA PASO A PASO
I

75 Piezas fáciles para principiantes y estudiantes de conservatorio

Selección y Adaptación
LUISA SANZ

Quedan rigurosamente prohibidas, sin la autorización escrita de los titulares del "Copyright", bajo las sanciones establecidas en las leyes, la reproducción total o parcial de esta obra por cualquier medio o procedimiento, comprendidos la reprografía y el tratamiento informático, y la distribución de ejemplares de ella mediante alquiler o préstamo públicos.

Esta obra ha sido diseñada, coordinada y supervisada por el
Departamento Editorial de Real Musical Publicaciones y Ediciones

© 1990 by Real Musical

All rights reserved for all countries in the world.

Depósito Legal: M. 8.577-2005
I.S.B.N.: 84-387-0497-2

Presentación

La Guitarra Paso a Paso es una colección de piezas fáciles para guitarra a la que se ha dado la estructura pedagógica de un método.

La selección ha sido hecha teniendo en cuenta tanto la calidad musical de las obras como que sus dificultades no superen las posibilidades medias de un principiante:

- piezas breves,
- tonalidades con pocas o ninguna alteración,
- digitación básica en primera posición,
- pocos ligados, pocas cejillas, etc.

La Guitarra Paso a Paso consta de cuatro secciones:

SECCIÓN I: Música Popular	10 canciones populares armonizadas para una o dos guitarras.
SECCIÓN II: Música Antigua	32 transcripciones de música renacentista y barroca.
SECCIÓN III: Música Clásica	33 estudios y obras seleccionados entre nuestros compositores más clásicos, como Sor, Aguado, Giuliani, Tárrega, etc.
SECCIÓN IV: Parte Práctica	Situación de las notas en el mástil. Ejercicios de lectura y de técnica básica.

Las diez piezas de Música Popular han sido incluidas pensando en el arraigo que la guitarra tiene en nuestro país, después de haber comprobado cuántos progresos hacen los alumnos tocando música que conocen de antemano.

En cuanto a la sección de Música Antigua, es una satisfacción para mí ofrecer algo que siempre ha faltado en el repertorio de los jóvenes guitarristas: 32 obras muy accesibles de música renacentista y barroca. Espero que las transcripciones con que las he adaptado a la guitarra hayan dejado intactas su belleza y fuerzas originales.

Es importante, para hacer un buen uso del Método, simultanear el estudio de las diferentes secciones, ya que las piezas de cada sección han sido ordenadas progresivamente atendiendo a su grado de dificultad.

La Guitarra Paso a Paso contiene lo mejor de mi larga experiencia como profesora de guitarra del Real Conservatorio Superior de Música de Madrid y como intérprete de guitarra y laúd renacentista. Han sido mis propios alumnos los que, con sus preferencias y aportaciones, han contribuido a depurar el material didáctico que ahora presento, deseando que resulte valioso y útil.

Sólo me falta agradecer a mi profesor José Luis Rodrigo, Catedrático y concertista de guitarra, y a mis amigos musicólogos Juan José Rey y Gerardo Arriaga sus valiosos consejos.

Luisa Sanz

Indice

Pág.

Música Clásica

Música popular

1. El patio de mi casa

Popular
Adaptación: Luisa Sanz

2. Tanto vestido blanco

Popular
Adaptación: Luisa Sanz

Andante

3. Frère Jacques
(Canon)

Popular
Adaptación: Luisa Sanz

4. Campanitas

Popular
Adaptación: Luisa Sanz

Allegretto

5. Malagueña

Popular
Adaptación: Luisa Sanz

Estribillo
Vivo

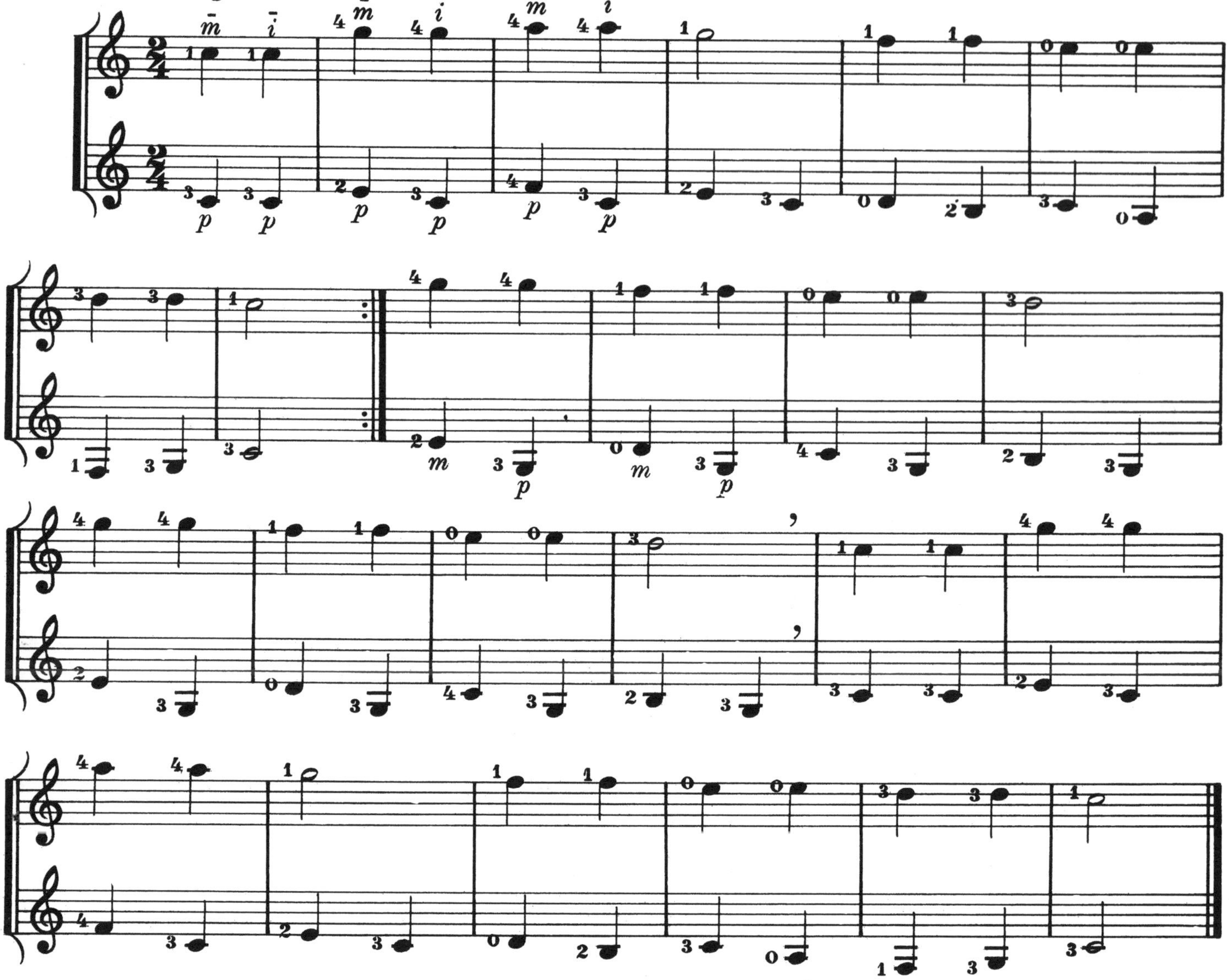

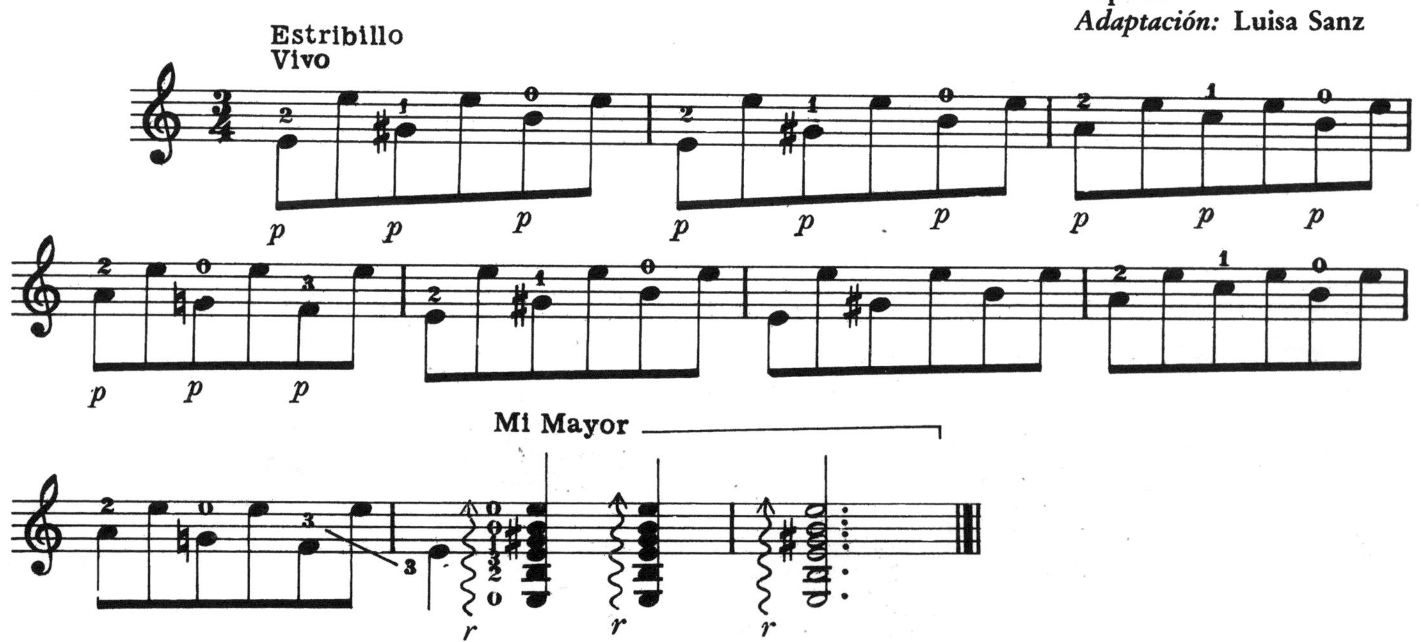

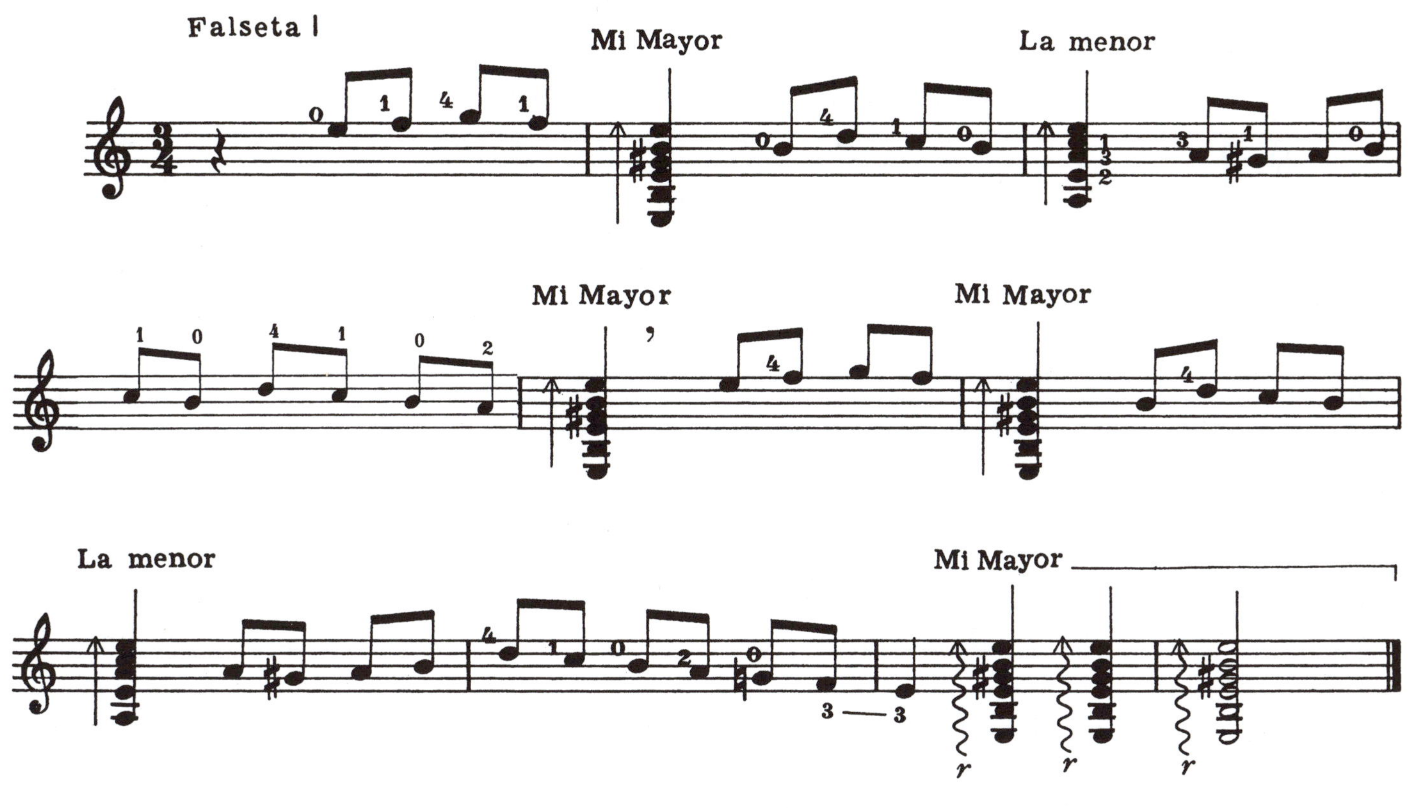
Falseta I
Mi Mayor
La menor
Mi Mayor
Mi Mayor
La menor
Mi Mayor

6. Tema de Albéniz - I

Isaac Albéniz (1860-1909)
Adaptación: Luisa Sanz

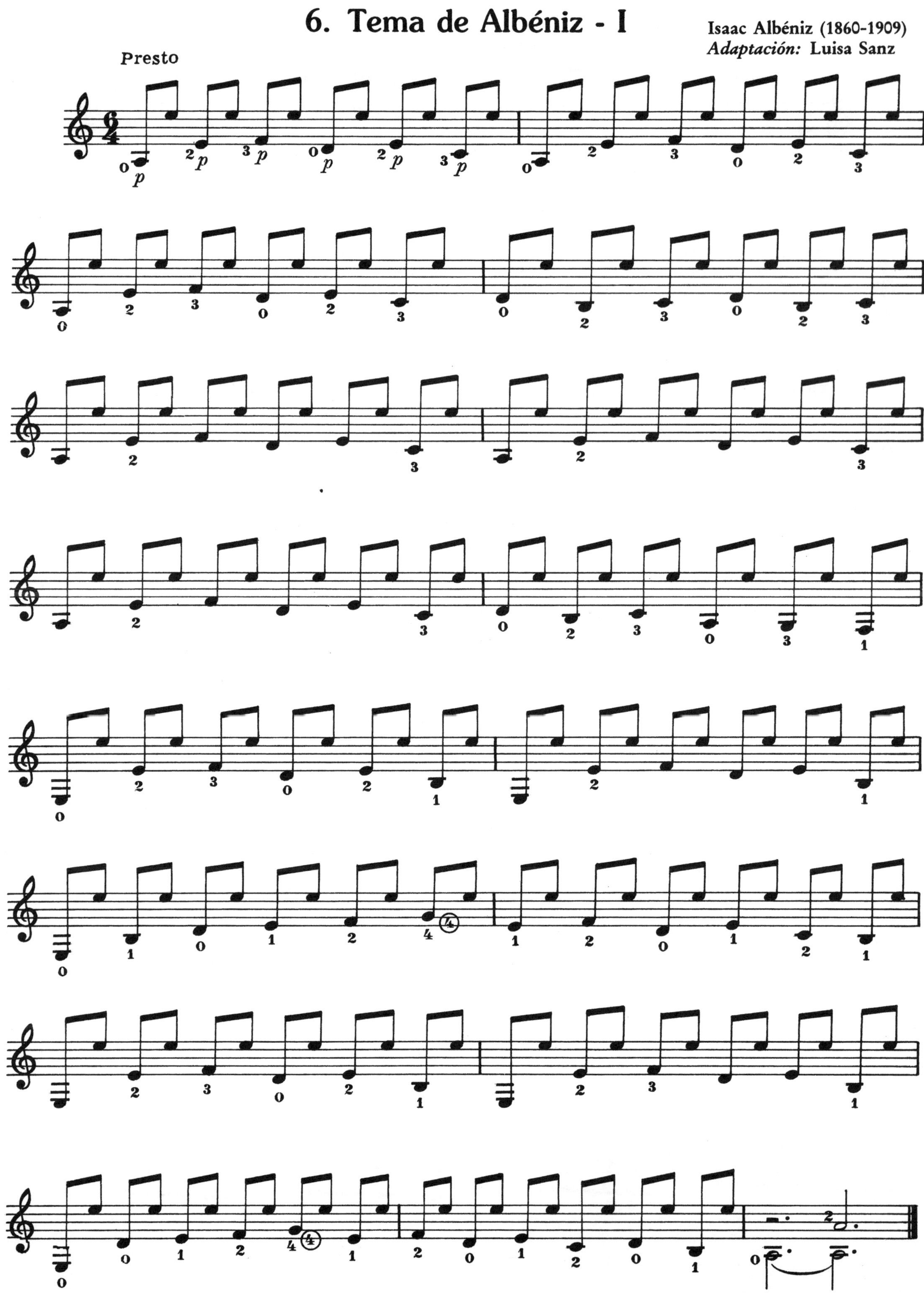

Tema de Albéniz - II

Isaac Albéniz (1860-1909)
Adaptación: Luisa Sanz

7. Inés, Inés - I

Popular
Adaptación: Luisa Sanz

Inés, Inés - III

Inés, Inés - IV

8. Au clair de la lune
Popular
Adaptación: Luisa Sanz
Moderato
rit.
a tempo
rit.
9. Romance anónimo
Popular
Adaptación: Luisa Sanz
Allegro Moderato
½ C.V
C.VII

C.VII
Fin.
C II
C II
C.VII
½C.IX
C.IX
½C.V
C.II
D.C. a Fin

10. Mi favorita
(Mazurka)

Anónimo (s. XIX)
Adaptación: Luisa Sanz

C IV
C VII
C.IV
C.IV
C.V

Música antigua

11. Cantiga a Santa María

Alfonso X «El Sabio» (1221-1284)
Adaptación: Luisa Sanz

12. Branle de poitou

Adrien Le Roy (1552)
Adaptación: Luisa Sanz

13. Christ ist erstanden

Hans Judenkönig (1515)
Adaptación: Luisa Sanz

14. Minueto de la suite N.º 8

Robert de Visée (1650-1725)
Adaptación: Luisa Sanz

15. A toye

Anónimo (s. XVI)
Adaptación: Luisa Sanz

16. Greensleeves - I

Anónimo (s. XVI)
Adaptación: Luisa Sanz

17. Greensleeves - II

18. «Pequeña suite»

Paradetas

Gaspar Sanz (1640-1710)
Adaptación: Luisa Sanz

Danza de las hachas

19. Sarabanda

Johan Anton Logy (1643-1721)
Adaptación: Luisa Sanz

20. Packington's pound

Anónimo inglés (s. XVI)
Adaptación: Luisa Sanz

21. Tourdion

Adrien Le Roy (1552)
Adaptación: Luisa Sanz

22. The sick tune

Canción inglesa (s. XVII)
Adaptación: Luisa Sanz

23. Minueto a dos voces

Johann Krieger (1652-1735)
Adaptación: Luisa Sanz

24. Fantasía

Anónimo (s. XVI)
Adaptación: Luisa Sanz

♩ = aprox. 69

rit.

25. Minueto en mi menor

Robert de Visée (1650-1725)
Adaptación: Luisa Sanz

26. Rosa das rosas*

Cantiga Alfonso X «El Sabio» (1221-1284)
Adaptación: Luisa Sanz

* (La melodía se encuentra en el bajo.)

27. Tourdion

Pierre Attaignant (1529)
Adaptación: Luisa Sanz

28. Kemp's jig

Anónimo (s. XVI)
Adaptación: Luisa Sanz

29. Minueto en la menor

Johann Krieger (1652-1735)
Adaptación: Luisa Sanz

30. Minueto

Juan Sebastián Bach (1685-1750)
Adaptación: Luisa Sanz

31. Danza del acha

Tocar preferentemente con cejilla en traste III.

Anónimo (s. XVII)
Adaptación: Luisa Sanz

32. Branle simple

Adrian Le Roy (1552)
Adaptación: Luisa Sanz

33. Ein welscher tantz

Hans Newsidler (1536)
Adaptación: Luisa Sanz

34. Menuet

Silvius Leopold Weiss (1686-1750)
Adaptación: Luisa Sanz

35. Almande

Adrien Le Roy (1552)
Adaptación: Luisa Sanz

36. Folía de España

Anónimo (s. XVII)
Adaptación: Luisa Sanz

1ª Vez
2ª Vez
3ª Variación
1ªVez
2ª Vez
4ª Variación
C.III
C.III
1ª Vez
2ª Vez
D.C. a Fin

37. Soneto

Enríquez de Valderrábano (1547)
Adaptación: Luisa Sanz

38. Lesson for two lutes

Anónimo (s. XVI)
Adaptación: Luisa Sanz

39. Cantabile

Juan Sebastián Bach (1685-1750)
Adaptación: Luisa Sanz

40. La rossignoll

Francesco da Milano-Matelart (1536)
Adaptación: Luisa Sanz

II
I
p
II
I
II
III
p

Música clásica

41. Estudio abierto

Lento

Luisa Sanz

43. Lección

Dionisio Aguado (1784-1849)
Adaptación: Luisa Sanz

44. Divertimento

Antonio Cano (1811-1897)
Adaptación: Luisa Sanz

45. Vals

Dionisio Aguado (1784-1849)
Adaptación: Luisa Sanz

46. Andantino

Mateo Carcassi (1792-1853)
Adaptación: Luisa Sanz

47. La mariposa N.º 13

Mauro Giuliani (1781-1829)
Adaptación: Luisa Sanz

Allegro

48. Estudio N.º 2

Dionisio Aguado (1784-1849)
Adaptación: Luisa Sanz

49. Minueto fácil

Dionisio Aguado (1784-1849)
Adaptación: Luisa Sanz

Allegretto

50. Estudio N.º 7

Dionisio Aguado (1784-1849)
Adaptación: Luisa Sanz

51. Danza de Brandenburgo

Anónimo
Adaptación: Luisa Sanz

Allegro moderato

52. Estudio N.º 2

Fernando Carulli (1770-1841)
Adaptación: Luisa Sanz

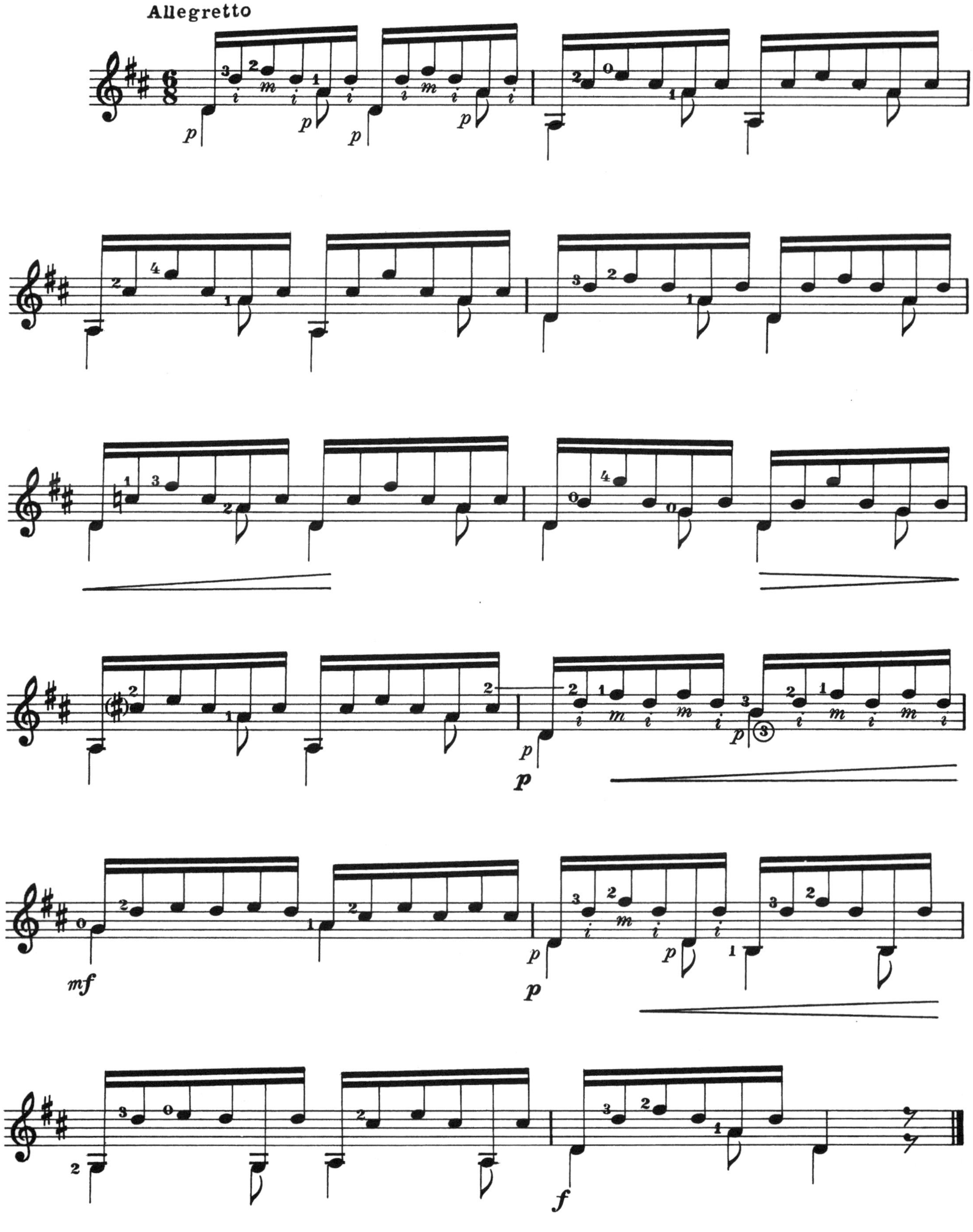

Allegretto

53. La mariposa N.º 12

Mauro Giuliani (1781-1829)
Adaptación: Luisa Sanz

54. Estudio N.º 6

Ferdinando Carulli (1770-1841)
Adaptación: Luisa Sanz

D.C. a Fin

55. Vals

Mateo Carcassi (1792-1853)
Adaptación: Luisa Sanz

56. Minueto

Fernando Sor (1778-1839)
Adaptación: Luisa Sanz

58. Estudio N.° 8 «Opus 60»

Fernando Sor (1778-1839)
Adaptación: Luisa Sanz

rit.
pp

59. Estudio IV

José Manuel Fernández

60. Pequeña pieza

Wolfgang Amadeus Mozart (1756-1791)
Adaptación: Luisa Sanz

61. Estudio N.º 21

Ferdinando Carulli (1770-1841)
Adaptación: Luisa Sanz

62. Andantino

Mateo Carcassi (1792-1853)
Adaptación: Luisa Sanz

63. Estudio N.º 6 «Opus 60»

Fernando Sor (1778-1839)
Adaptación: Luisa Sanz

64. Estudio N.º 15

Ferdinando Carulli (1770-1841)
Adaptación: Luisa Sanz

65. La mariposa N.º 1

Mauro Giuliani (1781-1829)
Adaptación: Luisa Sanz

66. Larghetto

Fernando Sor (1778-1839)
Adaptación: Luisa Sanz

67. Maestoso

Mauro Giuliani (1781-1829)
Adaptación: Luisa Sanz

68. Vals

José Viñas Díaz
Adaptación: Luisa Sanz

rit.
a tempo
pausa

69. Minuetto

Mateo Carcassi (1792-1853)
Adaptación: Luisa Sanz

70. Larghetto

Ferdinando Carulli (1770-1841)
Adaptación: Luisa Sanz

71. Pastorale

Mateo Carcassi (1792-1853)
Adaptación: Luisa Sanz

72. Vals

Mateo Carcassi (1792-1853)
Adaptación: Luisa Sanz

73. Estudio

Francisco Tárrega (1854-1909)
Adaptación: Luisa Sanz

74. Estudio N.º 4 «Opus 31»

Fernando Sor (1778-1839)
Adaptación: Luisa Sanz

75. Mazurka

Francisco Tárrega (1854-1909)
Adaptación: Luisa Sanz

Signos utilizados

- *Dedos mano derecha:*

p : **pulgar**
i : **indice**
m : **medio**
a : **anular**

- *Dedos mano izquierda:*

o: cuerda al aire
1, 2, 3, 4
2 — 2: mantener o arrastrar el dedo 2

- *Cuerda no habitual donde situar una nota:*

① ② ③ ④ ⑤ ⑥

- *Pulsación mano derecha:*

p, i, m, a: sin apoyar
$\bar{p}$, $\bar{i}$, $\bar{m}$, $\bar{a}$: apoyando

- *Cejillas:*

C.I, C.II, C.III, C.IV, **etc**: traste en que se ha de colocar el dedo 1 de la mano izquierda
½ C.I, ½ C.II, ½ C.III **etc**: traste en que se han de colocar las dos primeras falanges del dedo 1 de la mano izquierda.

- *Rasgueados:*

r: rasgueado (a, m, i, en sucesión rápida)
↓ deslizar el dedo pulgar del agudo al grave
↑ deslizar la mano o el dedo pulgar del grave al agudo

- *Ligados:* sólo se pulsa la primera nota

- *Mordente con la nota superior:*
- *Mordente con la nota inferior:*

- *Trino (más o menos largo):*

Parte práctica

Cuerdas al aire
Mi La Re Sol Si Mi
Cuerda: ⑥..... ⑤..... ④..... ③..... ②..... ①.
Ejercicios mano derecha
Lento
1
m i m i
Lento
2
p
Ejercicio de memorización
Lento, pero con precisión rítmica
3

Arpegios

No es aconsejable trabajar todos los arpegios en esta primera etapa del aprendizaje. Estos, como otros ejercicios de la parte práctica, están pensados para ser combinados progresivamente con las piezas de la colección.

Tabla de Series		
1 2 3 4 1 2 4 3	1 3 2 4 1 3 4 2	1 4 2 3 1 4 3 2
2 1 3 4 2 1 4 3	2 3 1 4 2 3 4 1	2 4 1 3 2 4 3 1
3 1 2 4 3 1 4 2	3 2 1 4 3 2 4 1	3 4 1 2 3 4 2 1
4 1 2 3 4 1 3 2	4 2 1 3 4 2 3 1	4 3 1 2 4 3 2 1

Modelos para todas las series
(para uso exclusivo del profesor)

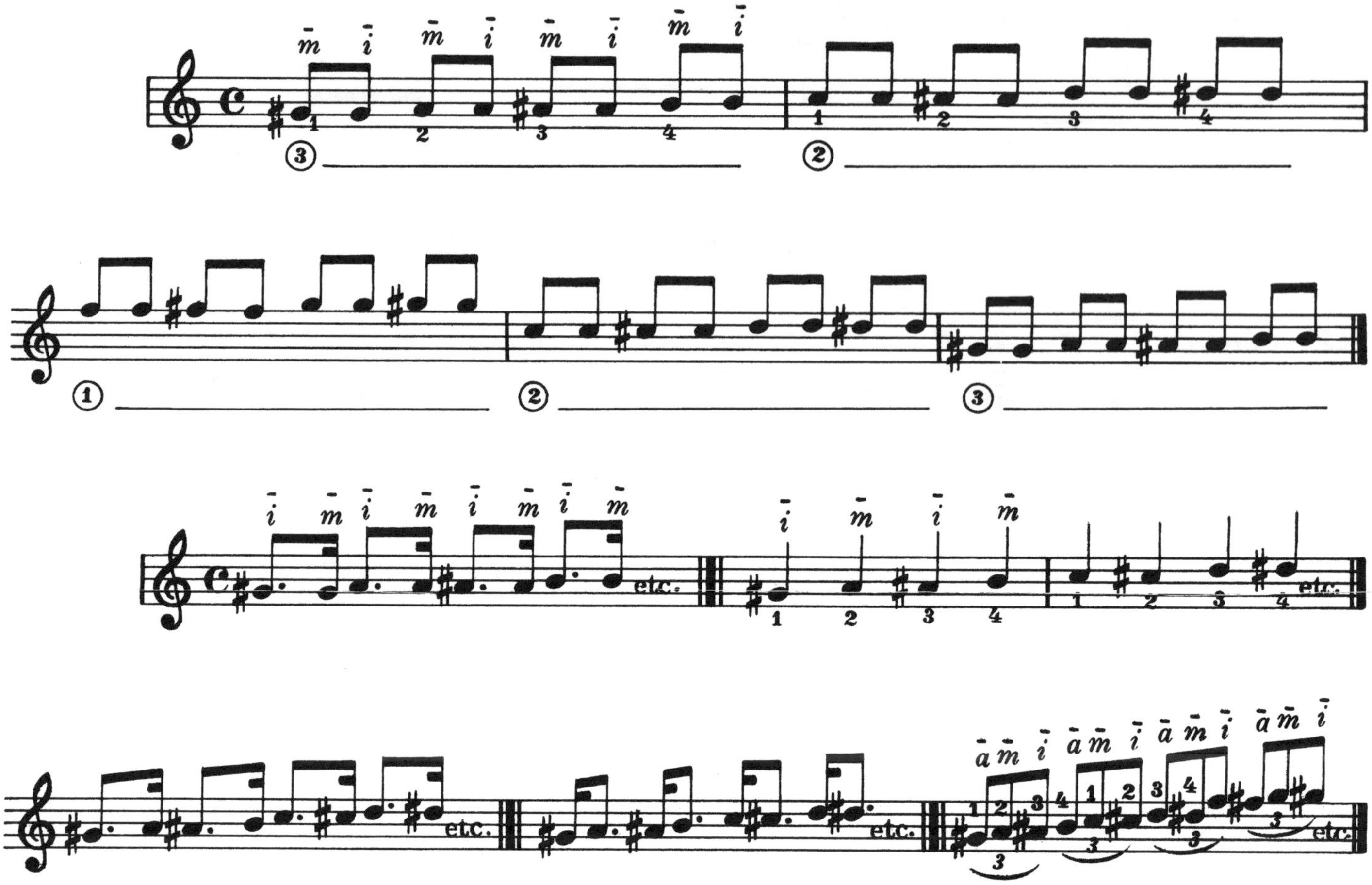

Invéntense ejercicios similares en todas las cuerdas, con diferentes digitaciones, y comenzando en otros puntos del mástil. Para manos pequeñas se recomienda realizar las series en los trastes V ó VII.

Notas en las tres cuerdas agudas

3ª Cuerda — Trastes: 0......... 2
2ª Cuerda — 0......1...... 3
1ª Cuerda — 0...... 1...... 3

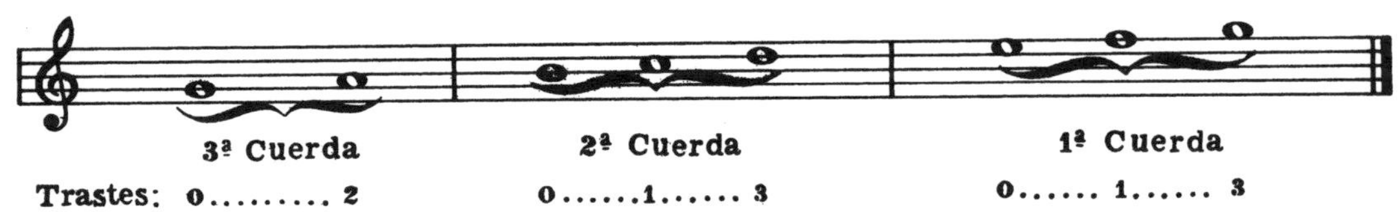

Considerando que cada traste de la guitarra corresponde a un semitono, las notas estarán situadas a una distancia natural de dos trastes, excepto *mi-fa* y *si-do* que son colindantes. Además:

- *Las notas con* ♯ se encuentran en el traste siguiente a la nota natural.
- *Las notas con* ♭ se encuentran en el traste anterior a la nota natural.

Ejercicios de memorización

Lento y ritmado

Re Mi Fa Sol

14

Lento y ritmado

15

Lento y ritmado

16

Con los conocimientos adquiridos hasta el momento se pueden tocar las siguientes piezas: **1, 2, 3, 4, 11, 12, 14, 41, 42 y 43.**

Notas en las tres cuerdas graves

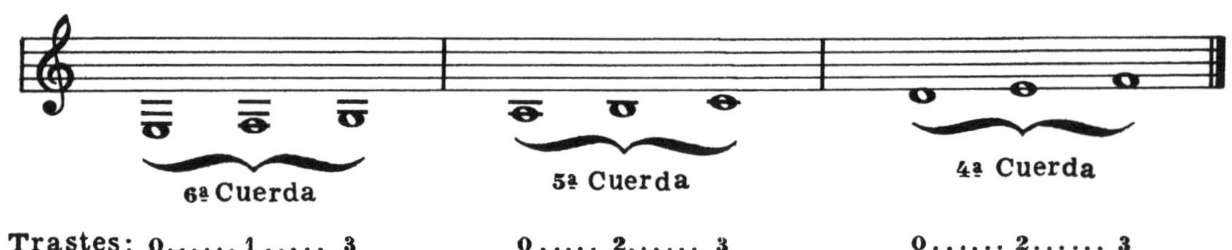

6ª Cuerda
5ª Cuerda
4ª Cuerda
Trastes: 0......1..... 3
0..... 2...... 3
0...... 2...... 3

Ejercicios de memorización

17

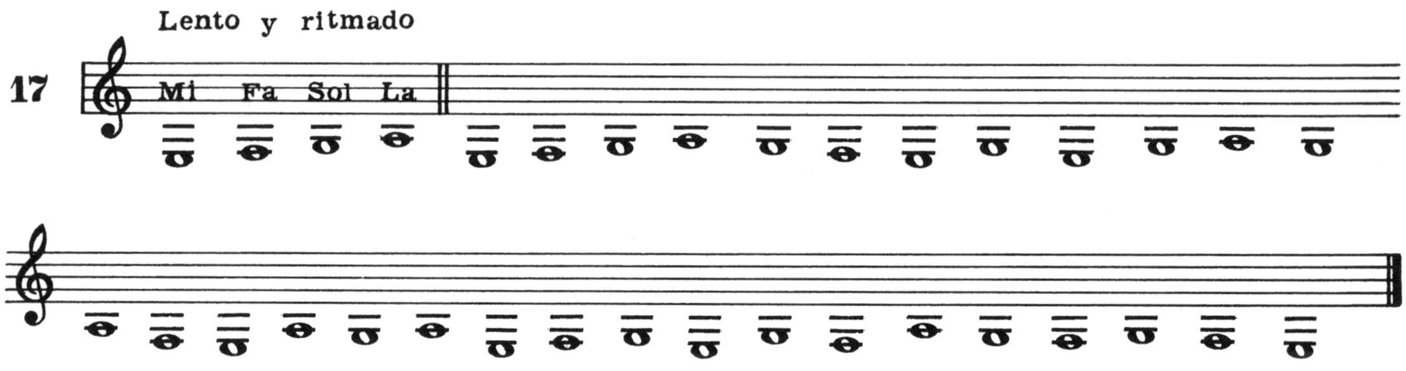
Lento y ritmado
Mi Fa Sol La

18

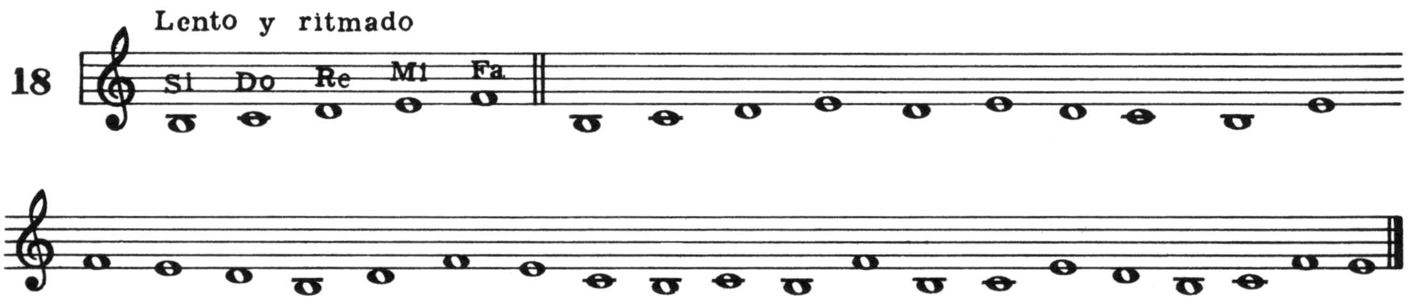
Lento y ritmado
Si Do Re Mi Fa

19

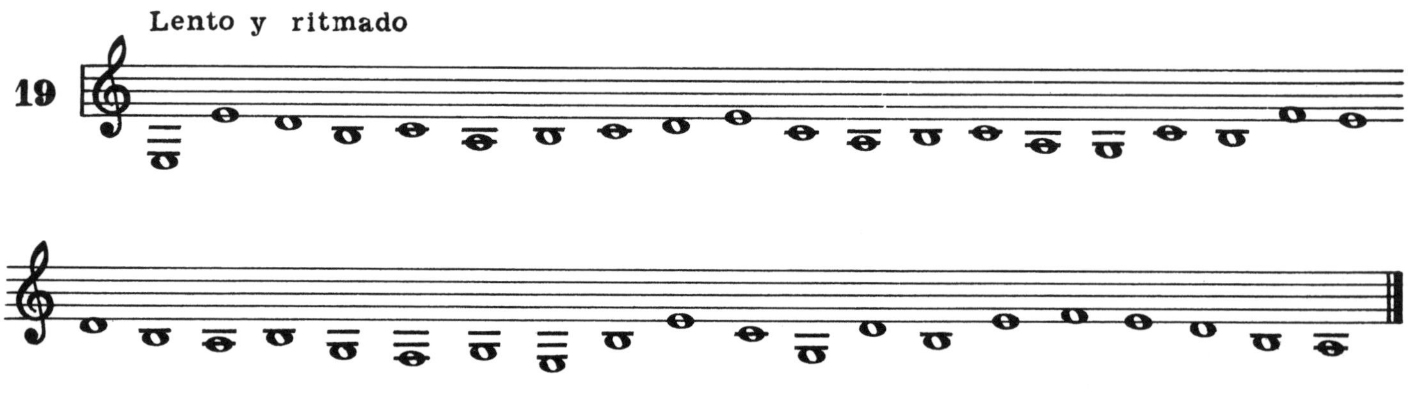
Lento y ritmado

Para consolidar el aprendizaje de las notas graves se recomienda la obra **N.º 6.**

MASTIL DE LA GUITARRA

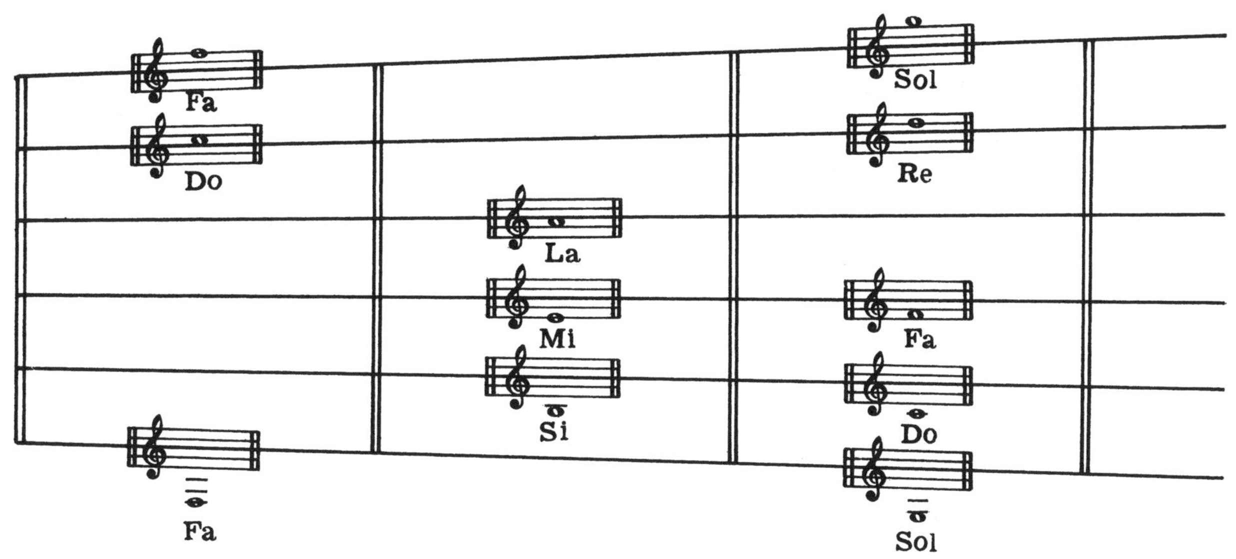

Escalas

20

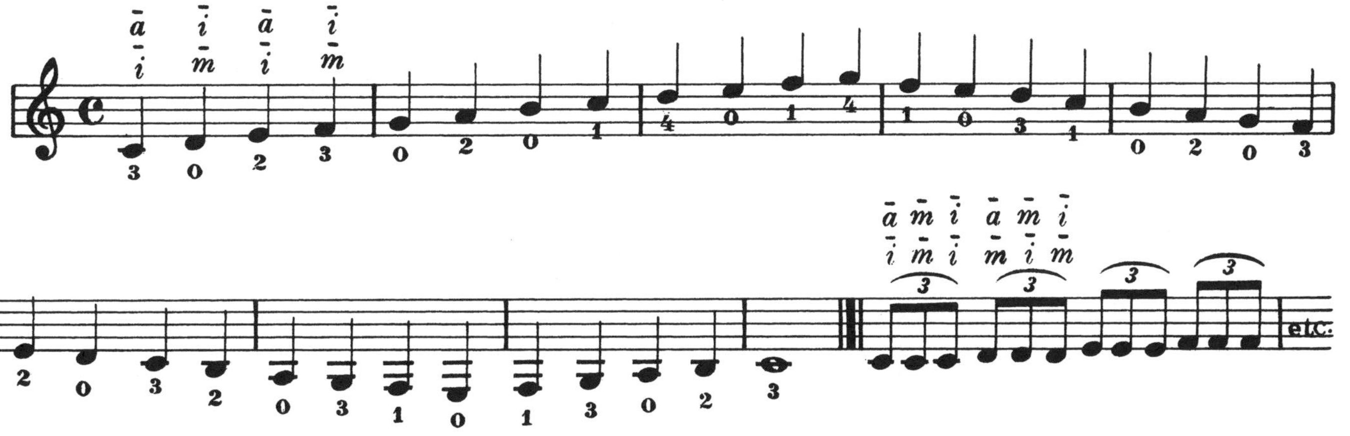

etc.

21

Cambios de posición

23

etc.

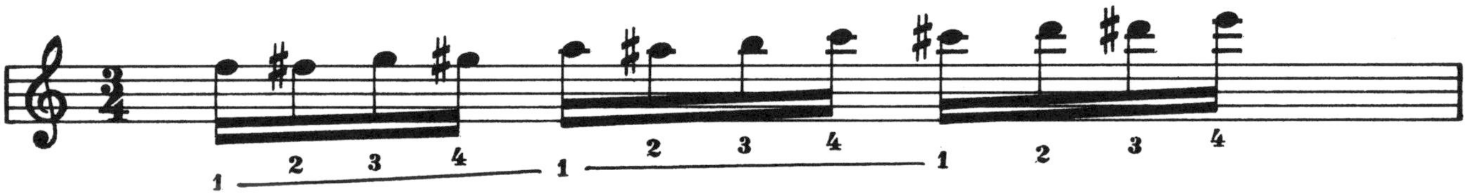

24

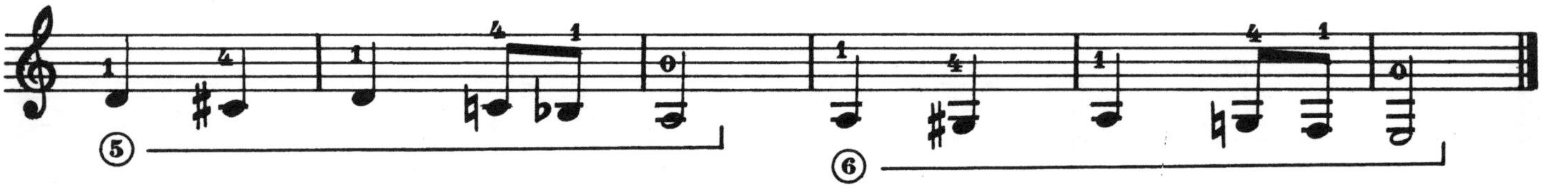

Ligados

Notas agudas

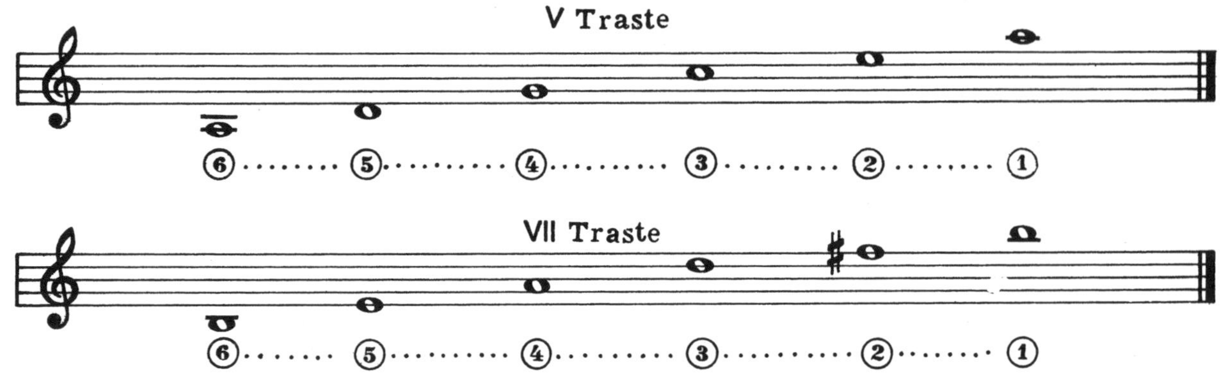

½C.V

29

30

Fin

D.C. a Fin